Johann Nastasi

Die Lehre der Nebensätze im Cligés von Chrestien de Troyes

Ein Beitrag zur historischen Syntax des Altfranzösischen

Johann Nastasi

Die Lehre der Nebensätze im Cligés von Chrestien de Troyes
Ein Beitrag zur historischen Syntax des Altfranzösischen

ISBN/EAN: 9783743497030

Hergestellt in Europa, USA, Kanada, Australien, Japan

Cover: Foto ©Thomas Meinert / pixelio.de

Weitere Bücher finden Sie auf **www.hansebooks.com**

DIE LEHRE DER NEBENSÄTZE IM CLIGÉS VON CHRESTIEN DE TROYES.

Ein Beitrag zur historischen Syntax des Altfranzösischen.

VON

PROFESSOR JOHANN NASTASI.

LINZ 1894.

IM SELBSTVERLAGE DER LINZER HANDELS-AKADEMIE.

K. U. K. HOFBUCHDRUCKEREI JOS. FEICHTINGERS ERBEN. 94.4560

Im vorjährigen Programmaufsatze „Monographie sur Cligés de Chrestien de Troyes" ist die Analyse des Gedichtes und eine Charakteristik der wichtigeren Personen im Cligés gegeben worden.

Obgenannte Arbeit ist als eine „Einleitung" zur folgenden Abhandlung zu betrachten.

Die Nebensätze werden als reine Conjunctional-, adverbiale Conjunctional-, Relativ-Sätze und als indirecte Fragesätze behandelt.

Die in folgender Arbeit benützten Werke und Abhandlungen sind:

Alscher, R. Der Conjunctiv im Rolandsliede; Programm von Jägerndorf 1886.

Bischoff, F. Der Conjunctiv bei Chrestien. Halle a. d. S. bei Niemeyer.

Diez, F. Grammatik der romanischen Sprachen. Dritte, neu bearbeitete und vermehrte Auflage. 1872.

Ebering. Syntaktische Studien zu Froissart, Ztschrft. f. rom. Philologie, V. Bd., pg. 324 ff.

Förster, W. Cligés von Christian von Troyes, zum erstenmale herausgegeben von W. Förster. Halle, bei Niemeyer 1884.

Haase, A. Syntaktische Untersuchungen von Villebardouin und Joinville. Oppeln 1884.

Haase, A. Bemerkungen über die Syntax Pascals, Ztschrft. f. nfrz. Sprache, IV. Bd., pg. 95—189.

Horning, A. Über den Conjunctiv in Comparativsätzen im Altfranzösischen, Ztschrft. f. rom. Philologie, V. Bd., pg. 386—391.

Johannssen, H. Der Ausdruck des Concessivverhältnisses im Altfranzösischen. Kiel 1885.

Klapperich. Historische Entwicklung der syntaktischen Verhältnisse der Bedingungssätze im Afrz., Frz. Studien, III. Bd., pg. 223—288.

Lücking, G. Französische Schulgrammatik. Berlin 1880.

Mätzner, E. Französische Grammatik, dritte Auflage. Berlin 1885.

Raumair. Syntax des Rob. v. Clary.

Riecke, O. Die Construction der Nebensätze im Oxforder Texte (Dissertation). Münster 1884.

Tobler, A. Vermischte Beiträge zur französischen Grammatik. Leipzig 1886.

B. Inhalt des II. Theiles.

Die

Lehre der Nebensätze im Cligés von Chrestien de Troyes.

Ein Beitrag zur historischen Syntax des Altfranzösischen

von

Prof. Johann Nastasi.

B. Zweiter Theil.

I. Reine Conjunctionalsätze.

a) Subjectsätze.

Die Subjectsätze werden nach unpersönlichen Verben und Ausdrücken gebraucht. Der Nebensatz erscheint als Subject des Hauptsatzes, der im Nfrz. noch ein grammatisches Subject — ein Pronomen der dritten Person — hat; im Afrz. fehlt dieses grammatische Subject des Hauptsatzes oft.

Betreffs des Modus im Subjectsatze gilt folgende Regel:

1. Ist der Subjectsatz von einem positiven unpersönlichen Verbum oder Ausdruck in affirmativer Form abhängig und sagt er eine reine Thatsache aus, so steht das Prädicat des Nebensatzes immer im Indicativ;
2. wird aber die Aussage des Subjectsatzes nur als eine subjective Ansicht hingestellt oder befindet sich das reflectierende Subject betreffs der Realität des empfangenen Eindruckes in Unsicherheit, in Zweifel, so steht immer der Conjunctiv im Nebensatze.*)

Beispiele mit dem Indicativ:

Nach vis est:

1634. Or li est vis que buer fu nez.

Nach mestier est:

1510. Mestier lor est qu'il se defandent.

---

*) Cfr. Bischoff, l. c., pg. 68.

Nach avenir:

2389—90. Meis antredeus an Grece avint
Qu'a sa fin l'anperere vint.

Nach estovoir:

466. Meis mout estuet qu'ele
De mon seignor Gauvain son frere.

1430. Si m'estuet que je li.

Nach sovenir:

1570. Si li sovint par avanture,
Que feite avoit cele costure Soredamors.

Beispiele mit dem Conjunctiv:

Nach droiz est:

2815—16. Por biauté que an li veïst,
N'est droiz qu'aillors son cuer meïst.

Nach negiertem Hauptsatze steht selbstverständlich nur der Conjunctiv, „da mit der Ablehnung des Vorhandenseins einer Vorstellung der Inhalt derselben von vorneherein als irreal oder wenigstens als ganz unsicher hingestellt wird.“ (Bischoff, l. c., pg. 69.)

Nach il covient:

2506—7. Ja redoter ne li covient
Que assez terre ne li doingne.

Nach avenir:

999—1000. ...... Ce n'avint onques
Que fame tel forfeit feïst.

Nach estovoir:

612—13. Estuel chascuns que il deçoive
Par faus sanblant totes les janz.

Nach tarder:

2903. Si li tarde que ele an oie
Chose de quoi ses cuers s'esjoie.

Nach venir au corage:

1106—7. Alixandre vint an vorage
Que il aille le roi proiier.

Nach sanbler steht immer der Conjunctiv.

827. Qu'il sanble que tuit sentretaignent.

1096—97. A l'esmovoir des nes sanbla
Qu'an la mer fust trestoz li mondes.

1101—2. An la mer sanble por la noise
Que tote Bretaingne s'an voise.

1379. Et sanble que mout soit pansis.

1877. Si qu'il sanble que mout se duelleut.

2825—6. Qu'il n'est voirs n'estre ne le sanble
Qu'an un cors ait deus cuers ansanble.

Der Subjectsatz steht nach Ausrufen und elliptischen Ausdrücken, nach denen das Prädicat zu ergänzen ist.

In folgenden Beispielen wäre est zwischen po und que zu ergänzen:

A po....que:

884. A po que li cuers ne li faut.

Par po....que:

1910. Par po que il n'aurage vis.
1988. Par po que trop demové n'ont.
2039. Par po qu'Alixandres n'anrage.

b) Objectsätze.

Die die Objectsätze einleitende Conjunction ist que. — Im classischen Latein war der Gebrauch des acc. c. inf. sehr beliebt; der Vulgärsprache war er aber ganz fremd. Alle Fügungen, welche im classischen Latein durch den acc. c. inf. ausgedrückt wurden, erscheinen im Afrz. in Form von Objectsätzen.

Aber nicht nur der acc. c. inf., sondern auch viele lateinische Conjunctionen, welche nach bestimmten Verbalgruppen Regel waren, wurden im Afrz. durch que und darauffolgenden Objectsatz ersetzt. Daraus erklärt sich zugleich das häufige Vorkommen der Objectsätze sowohl in der alt- als auch in der neufranzösischen Sprache.

Den Modus im Objectsatze betreffend, kann folgende Regel, die auch für das Nfrz. ihre Geltung hat, aufgestellt werden: Das Prädicat eines Objectsatzes, abhängig von einem affirmativen Verbum sentiendi oder dicendi, steht im Indicativ; das Prädicat eines Objectsatzes, abhängig von einem negierten Verbum sentiendi oder dicendi, oder abhängig von einem Verbum volendi, steht im Conjunctiv. Die Objectsätze zerfallen wieder in drei Gruppen: Objectsätze im α) Accusativ, β) Genitiv und γ) Dativ.

α) Objectsätze im Accusativ.

Hier unterscheidet man folgende Fälle: Objectsätze nach Ausdrücken 1. der sinnlichen und geistigen Wahrnehmung; 2. des Denkens; 3. der Aussage; 4. der Aufforderung; 5. des Fürchtens, Zweifelns, Hoffens.

1. Objectsätze nach Ausdrücken der sinnlichen oder geistigen Wahrnehmung.

Bei diesen Objectsätzen ist der Indicativ der herrschende Modus. Wird aber die Wahrnehmung in Zweifel gezogen oder in Abrede gestellt, so findet sich natürlich der Modus der Irrealität, der Conjunctiv ein.

Beispiele für den Indicativ sind:

Nach veoir:

1294. Bien voi que por mauveis nos tienent.
1514. Et bien .... Qu'a honte morir les feroit.
2005. Quant cil voient qu'il sont sarclos.
2124—25. A sa contenance veïst
Que grant destrece avoit el cors.
2875. Quant il vit que tuit se teisoient.
2939—40. Qui bien voient que par enor
Ne partiront meis de l'estor.

Ebenso in den Versen: 2945—46; 2995.

Nach s'aparcevoir:

1596—98. Bien aparçoit et voir li sanble
Par les muances des colors,
Que ce sont accidant d'amors.
2294—96. Qu'aparceüe m'an sui bien
As contenances de chascun,
Que de deus cuers avez feit un.

Nach ouïr:

438—39. An Bretaingne öent les noveles
Que li rois vient et si baron.
2512—13. Cil ot que n'est pas avenanz
La response l'anpereor.
2547—49. Or ot Alis ......
Que tuit li baron li faudront.
2916—17. Por ce que ele oie seulemant
Que il est preuz et bien adroiz.

Nach antandre:

171—2. Joie a por ce que il antant
Que ses fiz a proëce antant.

2. Objectsätze nach Ausdrücken des Denkens.

Der Indicativ wird gebraucht, wenn die Thatsache des Denkens real ist, der Conjunctiv dagegen, wenn sie verneint oder bezweifelt wird.

Beispiele mit dem Indicativ:

Nach cuidier:

653. Je cuit que·j'ai manti.

680. Je cuit que je ſeroie san.

1006. Je cuit que plus vil m'an avroit.

1691—2. De cele part ou il cuidoient
Que cil de l'ost mains se dotoient.

1702—3. Et je cuit que por aus grever
Leva ainz qu'ele ne soloit.

Nach panser:

1817—18. Et panse, s'il s'an puet anbler,
Qu'il ira a aus assanbler.

Nach croire:

192—3. Biaus ſiz, ſeit il, de ce me croi,
Que largece est dame et reïne.

Nach savoir:

1081—2. Et sache bien de verité
Que au chastel ne au cité
Ne porra garantir son cors.

1857—8. Sachoiz qu'an trestot mon aage
Ne l'amerai de buen corage.

2015—17. Car or sevent tuit de seür
Que ja li cuens par nul eür
N'eschapera, que pris ne soit.

2223. Et bien set qu'il n'i ſaudroit mie.

2241. Quant ele set que il est vis.

2466—7. Quant il ot la chose seüe
Qu'an la vile estoit l'anperere.

2274. Et set que ne pooit avoir.

Ebenso in den Versen: 2291; 2344; 2421; 2499.

Beispiele mit dem Conjunctiv:

Nach cuidier:

322. Ne cuident pas que il ne soient
Tuit de contes ou de roi ſil.

432—4. Car il ne cuidoient ancores
Qu'il eüst baron plus de ſoi
An tote la terre le roi.

824. Qui ne cuidast qu'ele reïst.

1626. S'il ne cuidast qu'an le veïst,

mit hypothetischem übergeordneten Satz.

1814. Qu'il ne cuide que nus le voie.

1952—4. Tant an ocīent et estaignent,
Que ne cuit pas que plus de set
An soient venu a recet.

Nach cuidier et atandre:

1028—9. Meis il ne cuide ne n'atant,
Que jameis autre bien an eit.

Manchmal findet sich im Altfranzösischen auch nach positiven Verben der Conjunctiv, indem eine subjective, reflectierende Auffassung zum Durchbruche gelangt. Wir haben im Cligés folgende Beispiele für diesen Brauch:

364—65. Car bien sanblez, et je le cuit
Que vos soiiez fil a hauz homes.

669—70. Je cuidoie que il n'eüst.
An Amor rien qui buen ne fust.

1849—50. Si cuideront li traītor
Dedanz que nos soions des lor.

1865. Et cuident que de lor janz soient.

Tritt nach nicht verneintem cuidier der Conjunctiv ein, so hat es dann die Bedeutung von: „sich einbilden, wähnen";*) diese Bedeutung passt auch zu allen obgenannten Fällen.

Wie bei positivem cuidier, so wird auch nach positivem croire der Conjunctiv im abhängigen Satze gebraucht, um auszudrücken, dass der Inhalt des Gedankens irreal sei, dass das denkende Subject sich etwas vorstellt, was in der Wirklichkeit nicht existiert.**)

2091—2. . . . . ., por quoi il croient
Que li cors lor conpaignons soient.

2103—6. Meis tot aussi con cil qui songe,
Qui por verite croit mançonge,
Les fesoient li escu croire
Que ceste mançonge fust voire.

2114—15. Or cuide et croit que mar fust nee
Soredamores qui ot le cri;

hier ist cuidier und croire zugleich gebraucht, um das Nichteintreffen ihrer (sc. Soredamores) Befürchtung besonders hervorzuheben.

Nach savoir:

530.***) Deus, que ne set que vers li panse
Alixandres de l'autre part!

---

*) Cfr. Tobler, Vrai Aniel pg. 25, Anmerkung zu Vers: 104.

**) Cfr. Bischoff, l. c., pg. 57.

***) Könnte auch als indirecter Fragesatz aufgefasst werden.

763 u. 65. Or sai je bien de verité . . . . .
Qu'amors de buen seignor porist.

3. Objectsätze nach Ausdrücken der Aussage.

Die Aussage enthält etwas bloß Angenommenes, also Irreales. Modus ist in diesem Falle der Conjunctiv der Annahme. Der Hauptsatz ist negiert.

Nach dire:

831. Ne diroit mie que li dant
Ne fussent d'ivoire au d'arjant.
838—39. De la gorge ne di je pas
Que vers li ne soit cristaus trobles.
2981—82. Por ce qu'or ne puet ele mie
Dire qu'amors l'eit eschernie.

Nach affirmativen Verben der Aussage steht der Indicativ als Modus der Thatsächlichkeit. Die Zahl der Beispiele mit dem Indicativ ist viel größer als jener mit dem Conjunctiv.

Nach dire:

138. Et dit qu'il iert mauveis ou ber.
291. L'an lor dist qu'il est a Guincestre.
331—32. Don je tant vos dirai sanz plus
Que miaudre de lui ne fu nus.
1072. Dit que toz li blasmes est lor.
1358. Tuit dient que mout est cortois.
1446. Et dit que il seront detreit.

Ebenso in den Versen: 1470; 2076; 2155; 2288; 2335; 2409—10; 2446; 2550; 2648; 2652; 2674; 2839; 2217.

Nach prover:

2847. Si vos pruis par ceste sanblance
Qu'uns cors ne puet deus cuers avoir.

Nach conter:

1058—59. Ce li ont conté li message,
Que trop puet an Bretaingne ester.

Nach otroier = avouer:

1077—78. N'i a un seul qui bien n'otroit
Que li rois a reison et droit.

Hier ist eine doppelte Negation und diese erfordert den Indicativ, da die zweite Negation die erste aufhebt.*)

„Es gibt keinen einzigen, welcher nicht zugeben würde" = „Jeder gibt zu, dass der König recht hat".

*) Cfr. Hölder, Gram., pg. 382, § 197, 2.

Nach mostrer:

1272—73. A ces defors sanblant mostrerent
Que giueres ne les redotoient.

Nach aprandre:

30—32. Ce nos ont nostre livre apris
Que Grece ot de chevalerie
Le premier los et de clergie.

Nach doner fiance:

2573. Se sa fiance ne li done
Que ja fame n'esposeça.

Nach den Ausdrücken des Versprechens, Festsetzens und Übereinkommens steht meist der Indicativ bei positivem Aussagesatz, da es sich annehmen lässt, dass der Inhalt des Versprochenen etc. als eine bereits vollzogene Thatsache zu gelten habe. Beispiele:

Nach jurer:

797—98. Androit de moi jurer porroie,
Que rien plus ne desirreroie.

Nach afier et jurer:

1085—87. Einsi le roi tuit asseürent
Et afïent formant et jurent,
Que le traïtor li randront.

Nach plevir:

2578—80. Et cil li otroie et plevist
Que ja an trestot son aage
N'avra fame par mariage.

Nach prometre:

2366—67. L'autre de ce que li promist
Si rois Artus qu'il li donroit.

Nach acreanter:

1842—44. Et il li ont acreanté
Que ja ne li seront contreire
De chose que il vuelle feire.

4. Objectsätze nach Ausdrücken der Aufforderung.

Die Aufforderung enthält in sich einen Wunsch, dessen Erfüllung erst von der Zukunft zu erwarten ist. Da sich der Wünschende, Befehlende noch in Ungewissheit befindet, ob sein Wunsch auch wirklich in Erfüllung gehen wird, so steht in solchen Sätzen immer der Conjunctiv des Wunsches. Enthalten Verba der Aussage implicite auch eine Aufforderung, so werden dieselben auch hieher gerechnet.

Im Cligés hätten wir folgende Beispiele mit Verben der Aufforderung anzuführen:

comander:

189—90. Et si li enorte e comande
Que largemant doint et despande.

Es sei gleich hier bemerkt, dass in vielen anzuführenden Beispielen dem das Befohlene auszudrückenden Satze mehrere Verba der Aufforderung vorausgehen, wodurch der Dichter eine Steigerung der Intensität der Aufforderung anstrebt und auch erzielt. In unserem Falle haben wir enorter und comander.

mander:

1364—65. A la reïne eneslepas
Mande que a lui parler vaingne
Ne ses traïtors ne retaigne.

2556—57. Alis par un suen conestable
Mande Álixandre qu'a lui vaingne.

2862—64. Qui a l'anpereor descuevre
Que ses oncles li dus li mande
Qu'a lui triues ne peis n'atande.

enorter:

148—50. Nus ne m'an porroit enorter .....
.... Que je n'aille an terre estrange.

404—6. A ce que li ot enorté
Li anperere et conseillié
Que son cuer eüst esveillié.

1975—76. Nabunal lor dit et enorte
Qe li vint aillent a la porte.

dire:

1440. Li un dïent qu'escorchié soient.

1123. Si con mon seignor proiier doi,.....

1125. Que vos nos façoiz chevaliers.

1573—4. Et li prie, s'il feit a dire,
Que li die, qui la feit rire.

2152—3. Et cil lor requierent et prïent
Que maintenant les chies an praingnent.

2617—18. Mon seignor Gauvin, ce te prie,
Que tu nel metes an obli,

wo der Wunschsatz durch das Demonstrativum ce vorweggenommen worden ist.

semondre:

2519—21. Et de par lui si con je doi
Semoing toz ces que je ci voi,
Que toi leissent et a lui vaingnent.

requerre:

1426—27. Amis feit ele, il me requiert,
Que je li rande a sa devise,
Si l'an leis feire sa justise.

rover:

2666—68. A Reneborc, si li roverent
Que il sa fille la greignor
Lor doint avuec l'anpereor.

crier:

1089—90. Et li rois par tote Bretaingne
Fait crier que nus n'i remaingne.

Hier hat faire crier die Bedeutung von: „commander par cri public".

voloir = verlangen, wünschen, bitten.

378—79. Mout vuel que l'an vos i enort
Con franc vassal et sage et douz.

ansaingner:

959—60. Meis Amors ne m'ansaingne mie,
Que soie a toz veraie amie.

5. Objectsätze nach Ausdrücken des Fürchtens, Zweifelns und Hoffens.

Nach den Verben des Fürchtens, Hoffens und Zweifelns steht im Cligés immer der Conjunctiv.

craindre:

2225. Meis tant crient qu'il ne despleüst
Celi qui grant joie an eüst.

doter:

773. Meis je dot mout que je n'i faille.

estre an dotance:

2270—71. Qui de rien n'estoit an dotance
Qu'il ne s'amassent anbedui.

6. Objectsätze nach Ausdrücken des Nichtunterlassens.

Auch hier folgt stets der Conjunctiv.

179—81. Biaus, fiz, feit il, leissier ne doi,
Puis qu'a enor tandre vos voi,
Que ne face vostre pleisir.

2512—15. Cil ot que n'est pas avenanz
La response l'anpereor,
Ne leisse por nule peor
Que son talant ne li responde.

β) Objectsätze im Genitiv.

Wird der Nebensatz von einem Substantivum oder Adjectivum des Hauptsatzes regiert, welches sonst — wenn der Nebensatz fehlen würde — einen Genitiv bei sich haben würde, so wird dieser Nebensatz zu einem Genitivsatz, weil er ein Substantiv im Genitiv vertritt. Der Genitivsatz steht auch nach Verben, wenn diese in sich den Begriff solcher Substantiva schließen. Der Modus kann der Indicativ und der Conjunctiv sein. Letzterer steht nach Diez, Gram., pg. 336, besonders „nach Verben, die eine Bewunderung, eine Freude oder eine Betrübnis ausdrücken". Im Cligés findet sich auch ein pronominales Correlat im Hauptsatze, dem gewöhnlich die Präposition de vorangeht, wodurch das genitivische Verhältnis noch mehr kennzeichnet wird.

Fälle mit dem Indicativ:

1429—30. De ce s'est il mout correciez,
Que je ne li ai ja bailliez.

1508—9. Meis por esmai que il an aient
N'ont nul talant que il se randent.

1870—71. De c'est gabez et deceüz
Que de rien ne les areisone.

2298—99. De ce trop folemant ovrez
Que chascuns son panser ne dit.

2371—73. La graindre joie fu la tierce
De ce que s'amie fu fierce
De l'eschaquier dont il fu rois.

2806—7. Meis de ce ne se prant il garde
Que la pucele a droit li change.

1648—49. Li traïtor sont a conseil,
Qu'il porront feire et devenir.

Fälle mit dem Conjunctiv, welcher in diesem Falle immer der Conjunctiv des Wunsches oder der Annahme ist:

1600. Ne feit sanblant qu'ele conoisse.

1290—91. Seignor, feit il, talanz m'est pris,
Que de l'escu et de la lance
Aille a çaus feire une acointance.

2614. De ce te lo que tu me croies.

2898. Ne n'a talant qu'ele l'an ost.

γ) Objectsätze im Dativ.

Wie die Genitivsätze für ein Substantiv im Genitiv stehen, so stehen die Dativsätze für ein Substantiv im Dativ. Sätze solcher Art sind im Französischen überhaupt selten, weil diese Sprache in diesem Falle lieber den Infinitiv anwendet.

Auch im Dativsatze findet sich ein pronominales Correlat im Hauptsatze, dem die Präposition a vorangeht, die hier das dativische Verhältnis noch mehr kennzeichnet.

Wir haben in unserem Denkmale nur einen Dativsatz zu verzeichnen, in dem der Conjunctiv als Modus der Absicht, des Wunsches steht:

985—88. Et je metrai an ce ma cure,
Que de lui soie doreüre,
Ne ja meis ne m'an clamerai.

c) Consecutivsätze.

Der Consecutivsatz drückt die Folge als Wirkung oder Ergebnis der im Hauptsatze begründeten Thätigkeit aus. Die einleitende Conjunction ist que.

Der vorhergehende Hauptsatz enthält ein intensives Adjectiv oder Adverb, wie tant, tel, si, welches auf den folgenden Consecutivsatz hinweist.

Der Modus des Consecutivsatzes ist nach bejahendem Hauptsatze der Indicativ, nach verneinendem Hauptsatze der Conjunctiv, welcher dann stets der Conjunctiv der Irrealität ist.

I. Der Hauptsatz ist bejahend, das Prädicat des Nebensatzes steht im Indicativ.

a) Im Hauptsatze steht tant, welches auf den folgenden Consecutivsatz hinweist:

14—16. Tant fu preuz et de fier corage,
Que por pris et por los conquerre
Ala de Grece an Angleterre.

65—66. Qui tant fu corageus et fiers
Que il ne deigna chevaliers
Devenier an se region.

187—89. Quant ses pere tant li promet
Qu'a bandon son tresor li met.

331—32. Don je tant vos dirai sanz plus
Que miaudre de lui ne fu nus.

397—8. Nes mes sire Gauvains tant l'aimme
Qu'ami et conpaignon le claimme.

419—21. Et tant feit par son bel servise,
Que mout l'aimme li rois et prise
Et li baron et la reïne.

Ebenso in den Versen: 526; 774; 804—8; 833—36; 1228—31; 1232—33; 1799—1800; 1952—53; 2027—28; 2128; 216—17; 2378; 2658; 2746; 2769; 2704; 2755; 2952—55; 2978—79.

II. Der Hauptsatz ist negiert oder hypothetisch; das Prädicat des Nebensatzes (respective des untergeordneten) Satzes steht im Conjunctiv.

726—27. Ja n'iert tant forz ne tant antiere,
Que li rais del soleil n'i past.

1583—84. Meis il n'a tant de hardemant,
Qu'il l'ost regarder seulemant.

2356—57. Ne savroit nus dire, ce cuit,
Tant qu'as noces plus n'an eüst.

356—7. Se vos tant mon servise amez,
Que chevalier me voilliez feire.

907—9. Et se nature an lui eüst
Tant mis qu'ele plus ne peüst.

451—53. Et neporquant la dameisele
Estoit tant avenanz et bele,
Que bien deüst d'amors aprandre,
Se li pleüst a ce antandre.

2723—24. Qui de biauté dire seüst
Tant qu'au cesti plus n'an eüst.

Hier steht der Conjunctiv, weil der übergeordnete Satz, ein deter. Relativsatz, einen Conjunctiv der Annahme enthält.

Enthält der Hauptsatz einen in der Zukunft zu erfüllenden, erfüllbaren Wunsch, so steht das Prädicat des Nebensatzes im Conjunctiv des Wunsches.

37—39. Deus doint qu'ele i soit retenue,
Et que li leus li abelisse
Tant que ja meis de France n'isse
L'enors qui s'i est arestee.

2559—60. Meis que tant li face d'enor
Qu'il eit le non d'anpereor
Et la corone avoir li leist.

Im bejahenden Hauptsatze steht tel, das auf den folgenden Consecutivsatz hinweist. Hier ist die Wirkung meistens schon in der That eingetreten, also eine wirkliche Thatsache, die stets den Indicativ der Thatsächlichkeit fordert.

1486—87. Ainz ot tel secherece esté
Que li peisson i furent mort
Et les nes fandues au port.
1768—70. Sor les escuz lor vont doner
Teus cos que avuec les navrez
An ont plus de cinc canz versez.
1874—5. Tel sanlbant de dolor feisant,
Qu'aprés aus lor lances traīnent.
1921—22. Cil li reva tel cop doner,
Que sa lance feit arçoner.
2051—53. Si li done tel esparree
De l'esparree que fu quarree,
Que la hache li chiet des mains.
2621—22. Soredamors tel duel an ot
Que aprés lui vivre ne pot.

Im übergeordneten affirmativen Satze steht ein auf den folgenden Consecutivsatz hineinweisendes si; Modus ist der Indicativ der Thatsächlichkeit.

549—50. Meis la mers l'angingne et deçoit
Si qu'an la mer l'amor ne voit.
651—52. Li miens est si anracinez
Qu'il ne puet estre mecinez.
2034—35. Au derreien jornel se vangent
Si bien que de rien ne se faingnent.
2802—4. Et remainne si sagemant
Que a l'aler ne au venir
Ne l'an puet an por fol tenir.

Ebenso in den Versen: 2085—86; 2639; 2993—94; 692—93; 646—49; 779—80; 876—7; 881—2; 933—34; 1410; 1590; 1748—49; 1782—3; 1787—88; 1585; 1922; 2851—52; 1904—7; 1805—6; 2935; 1775; 2925—26; 1894.

Der Conjunctiv findet sich nach negiertem Hauptsatze:

146—47. N'ai pas ancor si grant vertu
Que je poïsse armes porter.
1022—23. Amors n'est pas si gracieuse
Que par parole an soit nus sages.
2941—43. Car d'aus n'i a nul si vaillant,
Se Cligés le vient ataignant,
Qu'es arçons devant lui remaingne.

Manchmal fehlt die Conjunction que; wir haben dann nicht sosehr mit einem Nebensatze, als vielmehr mit einem Hauptsatze zu thun.

1323—25. Ainz fiert chascuns si bien le suen,
Qu'il n'i a chevalier si buen,
N'estuisse vuidier les arçons.

Die mit sans que eingeleiteten Sätze haben im Nfrz. den Conjunctiv, weil sie die Vorstellung als Folge einer mit der Thätigkeit des Hauptsatzes verknüpften Handlung abwehren.*)

Im Cligés finden sich nur mit sans ce que eingeleitete Sätze:

2258—60. La reine l'a ancontre,
Qui de son panser mout savoit
Sanz ce que dit ne li avoit.

2830—32. Bien vos savroie reison randre,
Comant dui cuer a un se tienent
Sanz ce qu'ansanble parvienent.

In diesen Fällen steht der Indicativ, weil nach sans sich das Demonstrativum ce einfindet, wodurch der que-Satz zu einem explicativen Satze wird, dessen Verb dann im Indicativ steht.

II. Adverbiale Conjunctionalsätze.

a) Temporalsätze.

Die Conjunctionen, welche die im Cligés vorhandenen Conjunctionalsätze einleiten, sind folgende: 1. quant = lat. quando; 2. tant com; 3. tant que; 4. ainz (einçois) que; 5. puis que; 6. jusque a tant que; 7. des que.

Die Handlung des Temporalsatzes kann dreierlei sein: α) sie ist gleichzeitig mit der des Hauptsatzes, β) sie ist dieser vorausgegangen, γ) sie folgt ihr nach.

α) Die Handlung des Hauptsatzes ist gleichzeitig mit der des Temporalsatzes.

Die einleitenden Conjunctionen sind quant und tant com.

Quant wird gebraucht wie das lat. cum temporale, das deutsche „als" oder „wann".

Tant com entspricht dem lat. quam diu = „so lange als", hebt die Dauer der Zeit hervor und hat immer verallgemeinernden Sinn: „so lange auch immer".

Der Modus des Temporalsatzes kann der Indicativ und der Conjunctiv sein.

---

*) Mätzner, Gram., pg. 370.

Die Temporalsätze stehen im Conjunctiv, wenn die die Handlung des Hauptsatzes ihrer Zeitdauer nach determinierende Handlung des Nebensatzes irreal ist. Beabsichtigung und unsichere Annahme lassen sich in den meisten Fällen nicht genau trennen; im Indicativ hingegen dann, wenn der Nebensatz eine Thatsache als entschieden aussprechen soll. — Wir führen im Folgenden die im Cligés vorkommenden Temporalsätze nach den sie einleitenden Conjunctionen an.

1. Quant.

Hier sind nur Fälle mit dem Indicativ zu verzeichnen:

104. Or a bien feite sa besoingne
Li vaslez, et mout an fu liez,
Quant li dons li fu otroiiez.

292. Et quant il furent atorné,
Desoz Hantone sont torné.

186/7. Or est li vaslez bien heitiez,
Quant ses pere tant li promet.

Andere Beispiele sind:

981/2; 1932; 2070; 2159—61; 2407; 2564—5; 1116; 1199—1200; 2702—4; 2238—39; 2311—12; 283—84; 246—50; 386; 1314—16; 1449—50; 2681—83; 1631; 1637; — 2411—12; 312—13; 742; 925; 1504—5; 2039—40; 2282—83; 2944; 1627; 1644; 1763; 1909; 830; 222—23; 435—36; 296—97; 1005; 1067; 1580; 2162—64; 2367—68; 2769; 2429—30; u. v. a.

Quant wird auch im causalen Sinne gebraucht, wenn auch sehr selten.

In den unten angeführten Beispielen ist die Thätigkeit des Haupt- und Nebensatzes gleichzeitig.

126—27. Ne me devez tenir par chiche,
Quant si bel don vos vuel doner.

Cfr. noch 628; 696; 942; 992; 1294—97.

376—77. Car mout m'avez grand enor feite
Quant venuz estes a ma cort.

Vgl. noch 1274; 1643—45; 2320; 1357—62.

Während das lat. quando nur temporale Bedeutung hat und auch nur temporale Nebensätze einleiten kann, ist die daraus entstandene frz. Conjunction imstande, causale Nebensätze, wie wir oben gesehen haben, und auch conditionale Nebensätze einzuleiten. Die mit quant eingeleiteten Sätze kommen nur dann Conditionalsätzen nahe, wenn sie verallgemeint sind.

757—58. Ou troverai je meis ami,
Quant cist troi me sont anemi....?
1005—6. Quant par ma boche le savroit,
Je cuit que plus vil m'an avroit.

2. Tant com.

Der Temporalsatz ist mit tant com = „so lange als, so lange bis" eingeleitet. Der Modus ist der Indicativ. Tant com ist im Cligés ziemlich selten gebraucht; wir können nur folgende Beispiele anführen:

256—59. Cil de terre cui pas n'agree
Del vaslet que aler an voient,
Tant com il pueent le convoient
De la veüe de lor iauz.
264—65. D'iluec esgardent lor enui
Tant com il le pueent veoir.
721. Meis tant com la chandoile dure,
N'est mie la lanterne oscure.
166—68. Biaus pere, tant com il me loist
Los aquerre, se je tant vail,
J'i vuel metre painne et travail.

3. Tant — que.

Der Temporalsatz ist mit tant — que = „so lange bis, so lange dass, bis dass" eingeleitet. Que ist von tant zuweilen derart getrennt, dass tant am Eingange des Hauptsatzes, que am Eingange des Nebensatzes zu stehen kommen.

Die Handlung des Temporalsatzes folgt der des Hauptsatzes nach. Beispiele für den Conjunctiv sind:

1038—40. Si n'i a plus que de l'atandre
Et del sofrir tant que je voie,
Par sanblant et par moz coverz.
2230. Qu'il ne viaut feire sa demande
Tant qu'il an sache son pleisir.
350—54. Et s'i voudrai tant demorer,
Se mes servises vos est biaus,
Que chevaliers soie noviaus
De vostre main, non de l'autrui.

Cfr. noch 2476; 119; 427; 1016; 2502.

Viel zahlreicher sind die Beispiele mit dem Indicativ:

278—80. An mer qui ne lor fu pas sainne
Orent longuemant demoré

Tant que tuit son descoloré, ...
Et ont le droit chemin tenu.
301—2. Tant qu'a Guincestre sont venu,
Mout a Soredamors mal treit.
564—65. Tant qu'au port est la nes venue.
1152—54. Trestoz ses escrins cerche et vuide
Tant qu'une chemise an e treite
De soie blanche mout bien feite.
1726—28. N'onques uns seus d'aus ne se mut
Tant qu'a leisir furent armé
Et tuit sor lor chevaus monté.
1878. Tant que les trois murs ont passez.
1042—43. Tant ferai que il sera cerz,
De m'amor, se reçoivre l'ose.
1051—52. An Bretaingne lonc tans esté
Tant que vint a la fin d'esté.

Cfr. noch 2645; 2665; 1237; 1381; 1419—20; 1531; 1831; 1447; 2156; 2949; 2973; u. ö.

4. Ainz (einçois) que.

Der Temporalsatz wird mit ainz (einçois) que = lat. ante quam eingeleitet.

Der Modus des Temporalsatzes ist der Conjunctiv:

1499. Meis ainz que nul assant i eit.
1520. Einçois que rien i puissent feire.
144—5. Car einçois que chevaliers soie,
Voudrai servir le roi Artu.
304—5. Einçois qu'il fust prime de jor,
Furent a cort venu li Gre.
314. Meis ainz que devant lui venissent,
Ostent les mantiaus de lor cos.

Cfr. noch 1664; 1669; 1700; 1820; 1221; 1895; 2169—70; 2374; 2444; 2741.

Ainz kann von que getrennt werden, so dass ainz am Eingange des Hauptsatzes, que am Eingange des Nebensatzes steht; man vergleiche das lat. ante — quam.

Ainz, von que getrennt, kommt im Cligés auch mit dem Indicativ vor:

1484—88. Et Tamise fu descreüe,
Qu'il n'ot pleü de tot esté,
Ainz ot tel secherece este

Que li peisson i furent mort
Et les nes sandues au port.

„Es war zuvor wirklich derartige Dürre gewesen, dass die Themse gesunken war und dass die Fische zugrunde gegangen waren;" cfr. La chanson de Roland, Vers 83 und 321—22.

1700—3. Meis ainz qu'il venissent as trez,
Comança la lune a lever,
Et je cuit que por aus grever
Leva ainz qu'ele ne soloit.

In beiden Fällen steht der Indicativ der Thatsächlichkeit.

5. Puis que.

Der Temporalsatz ist mit puis que, lat. post quod = „nachdem" eingeleitet.

2060—62. Des autres plus parler n'estuet,
Car de legier furent aquis,
Puis qu'il virent lor seignor pris.

Puis que mit temporalem Sinn ist im Cligés nur sehr selten gebraucht, ich habe nur ein Beispiel dafür gefunden.

6. Jusqu'a tant que.

Der Temporalsatz wird mit jusqu'a tant que = nfrz. „jusqu'à ce que" eingeleitet.

„Der Indicativ wird gebraucht, wenn eine Thatsache als vergangen, der Conjunctiv, wenn sie als künftig oder möglich vorgestellt wird."*)

1462—6. Bors et chastiaus, citez et sales
Vos i donrai an atandue
Jusqu'a tant que vos iert randue
La terre que tient vostre pere,
Don vos devez estre anperere.

2610—13. Einsi te contien et demainne
Que tu n'e soies coneüz
Jusqu'a tant qu'as plus esleüz
De la cort esprovez te soies.

7. Des que.

Das Altfranzösische gebrauchte „des que", „des ce que" vorzugsweise in der Bedeutung von depuis que (ex quo), während ihm für die andere Bedeutung viele Partikeln, wie lues que (loco), in-

*) Diez, Gram. III.[3] 349.

continent que........ zu Gebote standen.*) Der Modus in mit „des que" eingeleiteten Nebensätzen ist der Indicativ; wenn sich auch der Conjunctiv vorfindet, so ist derselbe dadurch herbeigeführt, dass der Temporalsatz die Stelle des Nebensatzes in einem hypothetischen Satzgefüge vertritt.

Für den Conjunctiv nur ein Beispiel:

342—46. Rois, feit il, se de vos ne mant
Renomee qui vos renome,
Des que deus fist le premier home.
Ne nasqui de vostre poissance
Rois qui an deu eüst creance.

Mit dem Indicativ:

654. Des que primes cest mal santi.

1009—11. Ja ne soit amors si vilainne,
Que je pri cestui premerainne,
Des qu'avoir m'an devroit plus vil.

1012—13. Ha, deus! comant le savra il
Des que je ne l'an ferai cert?

Hier grenzt der Nebensatz mit des que an einen Conditionalsatz: Wie wird er es wissen (erfahren), wenn ich ihm nicht Gewissheit verschaffen werde?

1241—43. Car li traïtres le ferma,
Des que la traïson soscha,
De trebles murs et de fossez.

b) Causalsätze.

Bei den Causalsätzen haben wir zweierlei Conjunctionen zu unterscheiden, solche, die zur Erklärung, und solche, die zur Motivierung des Hauptsatzes dienen. Für den Erklärungsgrund ist „por ce que" die conclusive Conjunction, während für die Motivierung des Hauptsatzes „puis que", ursprünglich die Zeitpartikel postquam, besonders geeignet ist. Auch que dient als einleitende Causalconjunction. Von allen diesen Conjunctionen hebt por ce que den Grund, weshalb etwas geschieht, am stärksten hervor.

Der Modus im Causalsatze kann der Indicativ und der Conjunctiv sein. Der Indicativ wird im bejahenden, der Conjunctiv im verneinenden Hauptsatze gebraucht.

---

*) Vgl. auch Mätzner, Gram. pg. 552, § 223 b.

1. Der Causalsatz ist eingeleitet mit que:

1484—85. Et Tamise fu descreüe,
Qu'il n'ot pleü de tot esté,

d. h. die Themse war gesunken, da (weil) es den ganzen Sommer nicht geregnet hatte; doch könnte „qu'il n'ot pleü de tot esté" auch als Hauptsatz aufgefasst werden: Et Tamise fu descreüe, Car il n'ot pleü de tot esté, = denn es hatte den ganzen Sommer nicht geregnet.

2. Der Causalsatz ist eingeleitet mit por ce que:

171—74. Joie a por ce que il antant
Que ses fiz a proëce antant,
Et pesance de l'autre part
Por ce que de lui se depart.

595—97. Et cuident por ce qu'il lor pleist
Ce don lor amors croist et neist,
Qu'aidier lor doie, si lor nuist.

971—72. Por ce taing mon non a meillor,
Qu'il comance par la color,

wo die Trennung des por ce von que bemerkenswert ist.

1069—71. Iriez et plains de mautalant,
Por ce que miauz les antalant
De confondre le traïtor.

Cfr. noch 320—21; 285—86; 2849.

In 2090—91. Mout les refont desconforter
Li autre escu, por coi il croient
Que li cors lor conpaignons soient

ist por coi = weil, also causal zu fassen.

3. Der Causalsatz ist eingeleitet mit puis que, das ursprünglich Temporalconjunction war und dem lat. postquam = „nachdem" entsprach; im Causalsatze hat es die Bedeutung „da, weil". Puis que wird besonders zur Motivierung des Hauptsatzes gebraucht, ein Brauch, welcher dem lat. postquam vollkommen fremd war, da letzteres nur Temporalpartikel ist.

179—81. Biaus fiz, feit il, leissier ne doi,
Puis qu'a enor tandre vos voi,
Que ne face vostre pleisir,
S'il m'amast, il m'eüst requise.

491—93. Et puis qu'il ne m'aimme ne prise,
Aimerai le je, s'il ne m'aimme?

Alixandres bittet den König Artus, er möge ihn und seine Genossen zu Rittern schlagen, worauf der König antwortet:

1126—28. «. . . . . Mout volantiers,
Ne ja respiz n'an sera pris,
Puis que (= da, weil) vos m'an avez requis.»

2061—62. Car de legier furent aquis,
Puis qu'il virent lor seignor pris.

Letztes Beispiel kann auch als Temporal aufgefasst **werden**: puis que = nachdem, oder: da, weil, aus dem Grunde.

Vgl. puis que beim Temporalsatze.

c) Finalsatz.

Der Finalsatz drückt den Zweck, die beabsichtigte Folge der Thätigkeit des Hauptsatzes aus. Der Modus im Finalsatze ist der Conjunctiv. Einleitende Conjunctionen sind: que, par ce que.

1. Der Finalsatz ist eingeleitet mit que:

315—16. Ostent les mantiaus de lor cos,
Que l'an ne les tenist por fos.

2. Der Finalsatz ist eingeleitet mit por ce que:

603—5. Si se çoile et cuevre chascuns,
Que il n'an pert flame ne funs.
Del charbon qui est soz la çandre.

260—61. Et por ce qu'il les puissent miauz
Et plus longuement esgarder,
S'an vont tuit ansanble monter
Lez la marine an un haut puit.

610—13. Meis por ce que l'an ne conoisse
Lor conplainte ne aperçoive,
Estuet chascun que il deçoive
Par faus sanblant totes les janz.

821—24. Et de la bochete riant,
Que deus fist tel a esciant
Por ce que nus ne la veïst,
Qui ne cuidast qu'ele reïst.

828—29. Et por ce que miauz i avaingnent,
Il fist nature un petit d'uevre.

1711—12. Si comanda la lune a luire
Por ce qu'ele lor deüst mire.

1731. Por ce que sorprandre les puissent
Einsi que desarmez les truissent.

2914—16. Et cil por li se retravaille
De behorder apertemant,
Por ce qu'ele oie seulement.....

Die Finalsätze sind im Cligés verhältnismäßig in geringer Zahl vorhanden, und zwar aus dem Grunde, weil bei Gleichheit der Subjecte im Haupt- und Nebensatze diese Gattung von Nebensätzen in der Regel durch por + Infinitiv-Construction ersetzt wird. — Einige Beispiele von den zahlreichen, die angeführt werden könnten, mögen genügen:

1163. Por savoir et por esprover.
81. Por congié prandre et demander.
86—87. Biaus pere, por enor aprandre
Et por conquerre pris et los.
1437. Por droit et por jugemant dire.
1497. Por le chastel confondre et prandre.
2050. Por bien ferir l'esparre hauce.
2159—60. Quant desarmez les orent toz,
Por mostrer a lor janz desoz.

Cfr. noch 2396; 2555; 2848; 2889 etc. etc. etc.

d) Conditionalsätze.

Die Conjunction, welche hier die Hauptrolle spielt, ist se, entsprechend der lateinischen Bedingungs-Conjunction si, aus der se entstanden ist.

Was den Modus im Conditionalsatze anbetrifft, so wird der Indicativ immer dann gesetzt, wenn das bedingte Glied eine Thatsache ist, deren Erfüllung entweder gegenwärtig geschieht, oder bereits geschehen ist oder erst von der Zukunft zu erwarten ist; auf jeden Fall muss aber die Thatsache möglich und ausführbar sein. Der Conjunctiv wird hingegen gesetzt, wenn das bedingte Glied bloß eine Vorstellung, ein Gedanke ist, der in der Gegenwart, respective in der Zukunft unmöglich, unerfüllbar ist. Die lateinische Sprache unterscheidet drei Arten von Bedingungssätzen: 1. Die Thatsache wurde als Bedingung hingestellt; 2. die Bedingung wurde als möglich angenommen und 3. die Bedingung und folglich auch die Folge wurden als nicht wirklich gedacht. Wir wollen im Folgenden die Bedingungssätze der 1. und 2. lat. Art oder die realen Conditionalsätze, und dann jene, welche der 3. lat. Art oder die irrealen Conditionalsätze entsprechen, betrachten.

α) Reale Conditionalsätze.

Der Modus ist hier der Indicativ, als Modus der Thatsächlichkeit.

Bei einem echten hypothetischen Satzgefüge steht 1. Haupt- und Nebensatz im Präsens, oder 2. der Hauptsatz steht im Futurum, der Nebensatz im Präsens:

ad 1. 88—91. Un don, feit il, querre vos os,
Que je vuel que vos me doigniez,
Ne ja ne le me porloigniez,
Se otroiier le me devez.

166—68. Biaus pere, tant com il me loist
Los aquerre, se je tant vail,
J'i vuel metre painne et travail.

507—8. Mes iauz a nule rien n'esgarde,
S'au cuer ne pleist et atalante.

513—14. Volante don me vaingne enuis,
Doi je bien oster, se je puis.

661. N'est donc mervoille, se m'esmai.

705—6. Se li darz parmi l'uel i antre
Li cuers por quoi se diaut et vantre.

774—5. Car tant an est riche la taille,
Que n'est mervoille, se j'i fail.

1657—8. Et se le chastel i randent,
Por ce nule merci n'atandent.

2609—10. Se avanture la te mainne,
Einsi te contien et demainne.

Cfr. noch die Verse: 592; 851; 897; 919; 1024; 2178; 2218: 2309; 2434; 2505; 2547; 2542; 2562; 2572; 2865; 2931; 2942.

In 2508 steht ein Conditionalsatz statt eines Subjectsatzes:

Fos est, se il de moi s'esloingne,
Et s'il me sert, ja n'an iert pire.

ad 2. (Der Hauptsatz steht im Futurum, der Nebensatz im Präsens:)

292—93. Et que mout tost i porront estre,
S'il vuelent movoir par matin.

350—51. Et s'i voudrai tant demorer,
Se mes servises vos est biaus.

489. Se je nel voi, riens ne m'an iert.

494. Se sa biautez mes iauz reclaimme
Et mi vel traient a reclaim,
Dirai je por ce que je l'aim?

493. Aimerai le je, s'il ne m'aimme?

992—3. Cui chaut, quant il ne le savra,
Se je meïsmes ne le di?

Ebenso in den Versen: 355; 1042; 1046; 1235; 1402; 1547; 1650; 1817; 1855; 1972; 2177; 2509; 2606; 2693.

Der Hauptsatz*) steht im Futurum oder im Conditional, der Nebensatz im Conditional (oder Futurum):

154—56. Maint haut home par lor perece
Perdent grant los, que il porroient
Avoir, se par le monde erroient.
2223. Et bien set qu'il ne faudroit mie,
Se il li requeroit s'amie.

In 1387—90 leitet se einen temporalen Nebensatz ein:

Meis ainz se panse, au quel maniere
Ele l'areisnera premiere
Et queus li premiers moz sera,
Se par son non l'apelera

d. h. Sie aber denkt nach, auf welche Weise sie ihn zuerst ansprechen werde, und welches das erste Wort sein wird, wann (zur Zeit als) sie ihn beim Namen rufen wird.

Der übergeordnete Satz steht im Imp. Fut. (Cond. I.), der Nebensatz im Imperfect:

96—98. Mout cuideroit bien esploitier
....S'il acreissoit l'enor son fil.
516—17. Donc porroie je mout petit
Se de moi poissance n'avoie.
906—14. S'il avoit le san Salemon,
Et se nature an lui eüst
Tant mis qu'ele plus ne peüst
De biauté metre an cors humain
Si m'eüst deus mis an la main
Le pooir de tot depecier:
Ne l'an querroie corrocier,
Meis volantiers, se je pooie,
Plus sage et plus bel le feroie.
1405—6. Deus! Ja ne mantiroit il mie,
S'il me clamoit sa douce amie!
1414—15. Meis se je l'apeloie ami
Cest non diroie je bien tot.

Ebenso in den Versen: 1002; 1513; 1915; 1980; 2501; 2676; 2827.

In 2829—30 steht im Hauptsatze der Cond. I., im Nebensatze aber der Präsens:

Meis se vos i pleist a antandre
Bien vos savroie reison randre.

---

*) Besser: der übergeordnete Satz.

Das Prädicat des übergeordneten Satzes steht im Perfect II., das des Nebensatzes im Präsens:

1035—36. Et s'il n'aimme ne n'a amé,
Donc ai je an la mer semé;

hier ist der Gebrauch von donc zur Einleitung des Nachsatzes hervorzuheben; man vergleiche Vers:

516—17. Donc porroie je mout petit,
Se de moi poissance n'avoie,

wo donc den Vordersatz einleitet.

Der Hauptsatz steht im Futur I., der Nebensatz im Perfect II.:

1549—50. Et s'il est pris par chevalier,
Ja ne savra querre loüer
Avec la cope.

In 2869 steht das Prädicat des Hauptsatzes im Futur II.

β) Irreale Conditionalsätze.

Der Inhalt des Conditionalsatzes wird nur als gedacht hingestellt und ist seine Erfüllung in der Gegenwart, respective Zukunft unrealisierbar. Das Lateinische gebrauchte in diesem Falle stets den Conjunctiv, und zwar des Imperfects oder des Plusquamperfects. Ähnlich verhält sich auch das Französische im Cligés; denn auch hier finden wir den Conjunctiv dieser beiden Tempora; außerdem findet sich auch der Indicativ in Gestalt des neugebildeten Conditionals. — Die neufranzösische Construction: Imperfect oder Plusquamperfect des Indicativs im Nebensatze und Conditionnel présent oder passé im Hauptsatze gelangte nur allmählich zum Durchbruche.

In der älteren Zeit tritt das Imperfectum Conj. häufig im hypothetischen Satzgefüge der Zeitsphäre der Vergangenheit auf und hat die Bedeutung des Plusquamperfectums, also desjenigen Tempus, aus dem es sich der Form nach entwickelt hat.*)

1. Die Handlung des Bedingungssatzes und des übergeordneten Satzes bezieht sich auf die Vergangenheit: si habuissem — dedissem. — Das Prädicat steht im Imperfect des Conjunctivs:

453—54. Que bien deüst d'amors aprandre,
Se li pleüst a ce antandre.

---

*) Vgl. Diez, Gram. III. 330. Anm. u. pg. 350; Karl Foth: Die Verschiebung der lateinischen Tempora in den romanischen Sprachen, Rom. Stud. II. u. Klapperich, Historische Entwicklung der syntaktischen Verhältnisse der Bedingungssätze im Altfranzösischen, Französische Studien, III., pg. 12 u. 13.

547—48. Espoir bien s'an aparceüst,
Se la mers ne la deceüst.
848—49. Mout volontiers, se je seüsse,
Deïsse, queus an est la fleche.
1171—73. He deus! con grant joie an eüst
Alixandres, se il seüst,
Que la reïne li anvoie.
1332—33. Par tans fust buens li fereïz,
Se cil les osassent atandre.
654—57. Des que primes cest mal santi,
Si l'osasse mostrer ne dire,
Poïsse je parler au mire
Qui del tot me poïst aidier.

2. Die Handlung des Conditionalsatzes und des übergeordneten Satzes bezieht sich auf die Gegenwart oder auf die Zukunft: si habuissem — darem.

536—7. Ceste amors fust leaus et droite,
Se li uns de l'autre seüst,
Quel volanté chascuns eüst.
584—86. S'ele osast vers lui desresnier
Le droit que ele i cuide avoir,
Volontiers li feïst savoir.
927—8. Ja tant savant nel reclamasse
Se plus d'un autre ne l'amasse.
1919—20. Qu'el siegle nul meillor n'eüst,
Se fel et traïtres ne fust.
1933—35. N'i eüst meis nul recovrier,
Se longuement cil dui ovrier
Vosissent l'estor maintenir.
2009. Lors comance uns diaus et uns criz.....
2012. Si granz que, s'il tonast es ciauz,
2013. Cil del chastel rien n'an oïssent.
54—56. Que li premiers, se li pleüst,
Poïst chevaliers devenir
Et tot l'anpire maintenir.

3. Die Handlung des Conditionalsatzes bezieht sich auf die Gegenwart, die des übergeordneten Satzes auf die Vergangenheit: si haberem — dedissem.

Das Prädicat des Nebensatzes steht im Imperfectum Conjunctivi, das des übergeordneten Satzes im Plusquamperfectum Conjunctivi:

491. S'il m'amast, il m'eüst requise.
2097—98. Celui voiremant an eüssent

Porté, se le voir an seüssent.
2322—23. Mout a grant piece, se j'osasse,
L'eüsse je reconeü,
Car mout m'a li celers neü.
2431—32. Alixandres, se lui pleüst,
Grant force mené an eüst.

In den obenangeführten Beispielen zeigt nur der Hauptsatz die durch Umschreibung gebildete Form, während im Nebensatze der Conjunctiv des Imperfects noch die Function des lateinischen Plusquamperfects erfüllt. In den folgenden drei Beispielen weisen beide Glieder des hypothetischen Satzgefüges zugleich das durch Umschreibung gebildete französische Plusquamperfectum Conjunctivi auf:

846—47. Bien fust ma dolors alegiee,
Se tot le dart veii eüsse.
1959—60. Que lor janz fust dedanz antree,
Se delivre lor fust l'antree.
2252—54. Grant piece a que il vosist estre
Au tref la reine venuz,
Se aillors ne fust detenuz.

In 907 und 912 steht im Hauptsatze der im Französischen neugebildete Conditionalis, im Nebensatze das Plusquamperfectum Conjunctivi:

907—12. Et se nature an lui eüst
Tant mis qu'ele plus ne peüst
De biauté metre an cors humain,
Si m'eüst deus mis an la main
Le pooir de tot depecier:
Ne l'an querroie corrocier.

In den mit se eingeleiteten hypothetischen Nebensätzen behauptet der Conjunctiv in der Sprache des Cligés noch vollständig sein altes Recht; nirgends fanden wir den Indicativ im irrealen Conditionalsatze. Im Hauptsatze hat aber der Conjunctiv seine ausschließliche Stelle verloren, denn man findet da schon hie und da den Conditionalis, der in der neuen Sprache durchwegs gebraucht wird. Cfr. 912.

γ) Conditionalsätze der Voraussetzung.

Sätze dieser Art gibt es im Cligés nur wenige. Die einleitende Conjunction ist „meis que = aber dass", woraus sich später die Bedeutung „vorausgesetzt dass, wofern" entwickelte.

Der Modus ist der Conjunctiv, der sich dadurch erklärt, dass die Aufforderung ihrer Natur nach durchwegs auf etwas in der Zukunft zu Vollziehendes sich bezieht.

931. Oïl, meis que ne li despleise.

292—94. Et que mout tost i porront estre,
S'il vuelent movoir par matin,
Meis qu'il taingnent le droit chemin.

2556—61. Alis....
Mande Alixandre qu'a lui vaingne
Et tote la terre maintaingne,
Meis que tant li face d'enor
Qu'il eit le non d'anpereor
Et la corone avoir li leist.

In 1044—45. Or n'i a donc plus de la chose
Meis que je l'aim et soie sui

ist meis que mit „außer dass" wiederzugeben.*)

δ) Verkürzte Conditionalsätze.

In denjenigen negativen Nebensätzen, welche der Behauptung des Hauptsatzes einen Ausnahmsfall entgegenstellen, wird im Altfranzösischen die Negation von der Conditionalpartikel getrennt. Das Neufranzösische gebraucht in solchen Fällen „sinon que oder si ce n'est que = außer dass, abgesehen davon, dass", dem lateinischen nisi entsprechend.

Im Cligés ist der zumeist einen negativen Inhalt enthaltende Hauptsatz dem Nebensatze vorangestellt; se ist von non gewöhnlich durch ein oder mehrere Worte getrennt.

961. Amors ne m'aprant se bien non.

Hier hat die Handschrift S. si bien (non fehlt).

1258—60. Sor la riviere est l'oz assise,
Ne cel jor ne lor lut antandre
S'a logier non et as trez tandre.

1305—6. C'est uns avoirs qui rien ne vaut,
S'an estor non et an assaut.

2587. Et po fet on se par lui non.

2899. Car ja n'amera se lui non.

2990—92. Car de celui qu'ele covoite
Ne se set a cui conseillier,
S'an panser non et an veillier.

---

*) Anmerkung: Über die Entwicklung von meis que = außer dass cfr. Chabaneau in Revue des langues romanes, VIII., pg. 179 ff.; dann Bischoff, l. c., pg. 18 ff. unter mais que = außer dass; endlich Klapperich, l. c., pg. 39 ff.

Der Nebensatz, welcher eine Ausnahme oder eine Beschränkung enthält, kann noch eingeleitet werden

mit fors:

443. An la nef ou li rois passa
Vaslez ne pucele n'antra
Fors Alixandre seulement.

Vgl. noch die Verse: 2404; 2174; 2219; etc.

Mit fors que:

553—54. Et de cez trois ne set blasmer
La reïne fors que la mer.
545—46. Meis ne set por quoi il le font
Fors que por la mer ou il sont.
1679—80. Qu'il ne voient lor garison
Fors que de mort ou de prison.

Mit fors tant que:

1603—4. Que chiere ne sanblant n'an fist
Fors tant qu'e la puncele dist.

Mit fors que tant seulemant:

1803—4. Meis desarmé estoient tuit
Fors que tant seulemant li huit.

Über die temporalen Conditionalsätze sind die Temporalsätze zu vergleichen.

Über die mit se nach comparativem com (con) beginnenden Nebensätze eines hypothetischen Satzgefüges cfr. Modalsätze unter com (con).

e) Concessivsätze.

Bischoff*) bestimmt den Charakter der Concessivsätze im wesentlichen dahin, „dass ein mit dem theils als Prädicatsnomen, theils als Adverb zu betrachtenden Relativ que eingeleitetes, im Conjunctiv der Einräumung mit verallgemeinertem Sinne gebrauchtes, fragendes Pronomen oder Adverb, oder an ein von solchem Pronominaladjectiv (respective Adverb) begleitetes Substantiv (Adjectiv oder Adverb) angeschlossen wird, um die so gethane Aussage zugegebenen Umständen giltig hinzustellen."

Alle concessiven Relativsätze schließen sich an ein Bezugswort an und stellen den Begriff desselben als vollkommen uneingeschränkt und veränderlich dar.

---

*) L. c., pg. 90.

1. Qui que.

Der Gebrauch von qui que ist im Neufranzösischen sehr beschränkt. Nach Mätzner, Gram., pg. 155, kommt es nur in Verbindung mit être vor. Es wird also nur in der Verwendung als Prädicatsnomen zur nothwendigen Ergänzung des Verbum substantivum gebraucht. Soll es die Function eines Objectes oder Subjectes erfüllen, so wird statt qui que die Umschreibung mit qui que ce soit mit folgendem Relativsatze gebraucht. In alter Sprache war diese Besckränkung nicht, denn qui que konnte die Stelle eines Subjectes, wie jene eines beliebigen Satztheiles einnehmen und wurde auch dann entsprechend flectiert. Lehnt sich ein Relativum que an ein im Sinne eines Indefinitums stehendes Interrogativpronomen oder an ein von einem Pronominaladjectiv begleitetes Substantiv an, so wird im Cligés in der Regel der Conjunctiv der Irrealität gesetzt, während nach entsprechenden lateinischen Ausdrücken der Indicativ folgte.

Der Conjunctiv steht nach qui que, das nur auf Personen bezogen wird.

225—31. Meis qui qu'an eit duel ne pesance,
Ne qui que li tort a anfance,
Et qui que li blasme et deslot,
Li vaslez au plus tost que pot
Comande ses nes aprester,
Que il n'a cure d'arester
An son païs plus longuemant.

Bemerkenswert ist die dreifache Wiederholung von qui que.

2345—46. Qui qu'an face chiere ne groing,
L'un de vos deus a l'autre doing.

830 ist als Hauptsatz zu fassen:

Que qui verroit, quant la boche oevre,
Ne diroit mie que li dant
Ne fussent d'ivoire ou d'argant

= Denn wer immer sie (sc. die Zähne) sehen würde, würde sagen, dass sie aus Elfenbein oder Silber sind. Que ist hier gleich einem Car, das nur Hauptsätze einleitet.

Es erübrigt uns noch über den Modus in den mit qui que eingeleiteten Concessivsätzen zu sagen, dass der Gebrauch des Conjunctivs hier auf der Vorstellung eines Irrealen beruht.

2. Que que.

Die neutrale Form von qui que ist que que. Während bei qui que bei der Auswahl von Seienden nur Personen in Betracht kommen, bezieht sich beim Neutrum que que die Einräumung nur auf Sachen.

1567—68. Et li cheuos anbelissoit,
Que que li fiz d'or palissoit.

1729—30. Que qu'il s'arment, et cil esploitent,
Qui la bataille mout coveitont.

Nach que que steht das Verbum des verallgemeinernden Satzes in der Regel im Conjunctiv, doch kommt hie und da auch der Indicativ vor.

3. Le quel que.

Bei qui que und que que war die Auswahl von Seienden (Personen oder Sachen) ganz unbeschränkt. Le quel que unterscheidet sich von den beiden dadurch, dass es die Auswahl von Seienden numerisch auf eine bestimmte Anzahl beschränkt. Le quel que wird auf Personen und auf Sachen bezogen und kann auch neutral in Beziehung auf Gedankencomplexe, die sich in vollständigen oder verkürzten Sätzen ausgedrückt finden, gebraucht werden. Modus ist der Conjunctiv; nur nach Verben der Willensäußerung wird der Indicativ gebraucht. Im Cligés kommt le quel que sehr selten vor.

1936—37. Maintenant covenist fenir,
Le quel que soit, a la parclose.

Hier ist eine Auswahl zwischen zwei Personen zu treffen. Zu soit ist etwa ein que conveigne hinzuzudenken, von welchem dann der Accusativ le quel que abhängen würde. Le quel que wurde als Ganzes aufgefasst und man fügte, um den concessiven Sinn hervorzuheben, noch que hinzu.

4. Quel que.*)

Durch quel que wird besonders die Qualität des in Frage stehenden Begriffes hervorgehoben.

736. ....Et voit L'uevre de fors, queus qu'ele soit,

wo queus que Prädicatsnomen des Verbum substantivum ist.

1851—52. Et queus que soient les desertes,
Les portes nos seront overtes.

---

*) Quel que ist immer getrennt. Quel flectiert. Cfr. 736, 1851.

In 1878 Et vont quel part qu'il onques vuellent

ist quel que attributivisch gebraucht; hier wäre noch zu bemerken, dass, um das Bewusstsein der mit quel — que unbestimmt zugegebenen Einräumung noch mehr hervorzuheben, das Adverbium onques entsprechend dem lateinischen unquam hinzugefügt wurde.

2912—15. A Cligés esgarder estrive
Sel siut as iauz, quel part qu'il aille.

1065—6. Por la cité contretenir,
Quel hore qu'il deüst venir.

Soll eine mit einem Substantivum bezeichnete Gattung von Seienden ganz unbestimmt gelassen werden, so wird im Nfrz. quelque — que statt des alten quel — que gebraucht.

War die Bildung des attributiven quelque in der Formel quelque — que einmal abgeschlossen, da trat es, obwohl fehlerhaft, auch für einfaches quel ein, und was einst Fehler war, wurde im Nfrz. Regel

Quelque — que für quel — que als attributives verallgemeinerndes Pronomen kommt im Cligés schon vor.

175—78. Meis for l'otroi qu'il an a feit,
Quelque pesance qu'il an eit,
Li covient son buen consentir,
Qu'anperere ne doit mantir.

In allen vorgeführten Beispielen mit quel — que steht ausnahmslos der Conjunctiv, als Conjunctiv der Irrealität, respective der zweifelhaften Realität. — Beispiele mit dem Indicativ nach Verben des Wollens und Beliebens fehlen im Cligés. Bischoff führt a. a. O. pg. 93 aus den übrigen Werken Chrestiens 11 Beispiele mit dem Indicativ an und erklärt den Gebrauch des letzteren dadurch, dass das modale Hilfsverb nebst dem ihm gleichstehenden Ausdruck, namentlich wo es im Futurum steht, den sonst üblichen Conjunctiv vertritt.

5. Comant que.

Comant que = „wie sehr auch, wie auch immer" räumt den Begriff des Verbums ein und lässt in Bezug auf die Art und Weise seines Eintretens ganz freie Wahl.

74—77. Comant que la fins li responde,
Et comant que il l'an avaingne,
N'est riens nule qui le detaingne
Qu'aler ne s'an vuelle an Bretaingne.

1238—40. A cel jor, comant qu'il soit ores,
Qui le chastel vosist defandre,
Ne fust mie legiers a prandre.

1677—78. Desperance comant qu'il aille
Les anhardist de la bataille.

2552—54. Meis il met an son covenant
Que la corone li remaingne
Comant que li afeires praingne.

In allen Beispielen steht der Conjunctiv, welcher überhaupt für das Altfranzösische Regel ist. Das Lateinische gebraucht bei quamquam, etsi, tam — etsi, etiamsi meist den Indicativ, bei licet, quamvis, quantumvis meist den Conjunctiv als Product der reflectierten Vorstellung. (Mätzner, Gram., § 123 αα, pg. 368.)

6. Quanque.

Wir haben gesehen, dass quel — que qualitativ einräumt; wir kommen nun zu quanque = lat. quantum quod, welches quantitativ einräumt. Der Modus ist bei den mit quanque eingeleiteten Concessivsätzen „durchwegs der Indicativ, gleichviel ob sich die Aussage auf etwas Vergangenes, bereits zur Thatsache Gewordenes, oder ob sie sich auf etwas noch von der Zukunft zu Erwartendes bezieht." (Bischoff, l. c., pg. 94.)

Diese Regel wird auch im Cligés genau befolgt.

Beispiele mit dem Indicativ:

218—21. Bien a li vaslez espleitié
De quanqu'il a quis et rové,
Que ses pere li a trové
Tot quanqu'il li vint a creante.

891—92. Et quant ele s'est bien refeite
De panser quanque li anheite.

1214—16. Li cuens Augrés ses janz amasse,
Quanque vers lui an pot torner
Par prometre ne par doner.

1221—22. Meis einçois que il s'an foïst,
Quanqu'il pot a Londres prist
De vitaille, d'or et d'argent.

1600—1. Ne feit sanblant qu'ele conoisse
Rien nulle de quanqu'ele voit.

Cfr. desgleichen: 2315; 2586; 2785; 2850; 2997.

In 768—69 steht der Conjunctiv der Annahme:

Ne puet faillir qu'il ne s'an plaingne
Quanqu'il avaingne, ou tost ou tart.

f) Modalsätze.

Durch den Modalsatz wird die Art und Weise, die Beschaffenheit des Thätigkeitsbegriffes des Hauptsatzes näher bestimmt. Beim Modalsatze ist der Nebensatz als ein Maßstab des Hauptsatzes zu betrachten; dadurch wird er ein Comparativsatz, der nicht wie der Consecutivsatz die Thätigkeit des Hauptsatzes als Ergebnis anzeigt, sondern dieselbe nach der Thätigkeit eines anderen Subjectes bemisst. „Der Vergleichungssatz kann, wie das Modalverb, die Qualität, die Quantität und den Grad bestimmen, und sowohl das Verhältnis der Gleichheit wie das der Ungleichheit aussagen."*) Wir haben im Cligés vorzüglich zwei Fügewörter: com (auch come und con geschrieben) und que = lat. quam, die zur Einleitung von Modal- und Comparativsätzen dienen.

1. Come (com, con).

Das frz. comme entspricht dem lat. quomodo = „auf welche Weise, wie"; es war ursprünglich nur modale Conjunction wie im Lateinischen, hat aber im Laufe der Zeit auch andere Bedeutungen angenommen, so die temporale für quand, die conditionale für si und die causale.

Come leitet vorzüglich solche Nebensätze ein, die die qualitative Gleichheit oder Ähnlichkeit, seltener solche, die die Gradbestimmung ausdrücken.**)

Im Cligés hat come gewöhnlich ein demonstratives oder adverbiales Correlat im Hauptsatze, welches die Gleichheit oder Ähnlichkeit noch mehr hervorhebt.

Come ohne Correlat im Hauptsatze findet sich nur:

1754—55. Corent li un as autres sus,
Con li lion a proie corent.

Come hat ein Correlat im Hauptsatze.

1. Si. Diese Fälle sind im Cligés sehr zahlreich vertreten:

785—86. Li penon sont coloré,
Con s'il ierent d'or ou doré.

45—46. Chrestiiens comance son conte,
Si con l'estoire nos reconte.

131—32. Et de voz barons recevez,
Si con reçoive les devez.

---

*) Cfr. Mätzner, Gram., pg. 566 ff.
**) Cfr. Diez, Gram., III. pg. 365 u. 392 ff.

1370—71. La parole ont antr'aus tenue
Des traïtors si com il durent.

1724—25. D'armer se painnent et travaillent
Si com a tel besoing estut.

2064—65. Si les an mainnent a grant honte
Si com il deservi l'avoient.

Ebenso in den Versen: 158; 411—13; 865; 983—84; 1112; 1123; 1202; 2245; 2306; 2519; 2625; 2663; 2770; 2780; 2793; 2823; u. ö.

2. Ausi:

717. Don n'est li cuers el vantre mis,
Ausi con la chandoile esprise.

1753—55. Et ausi fieremant ou plus
Corent li un as autres sus,
Con li lion a proie corent.

2841—45. Bien puet estre li voloirs uns,
Et s'a adés son cuer chascuns,
Ausi con maint home divers
Pueent ou chancenete ou vers
Chanter a une concordance.

Verstärkt mit tot: tot ausi con:

598—99. Tot ausi con cil plus se cuist,
Qui au feu s'aproche et acoste.

Autresi — con:

1527—28. Volent autresi mesle mesle
Con feit la pluie avuec la gresle.

Cfr. 2759.

3. Tant, das modale Adverbium der Quantität, ist Correlat im Hauptsatze:

842—43. Tant com il a des la chevece
Jusqu'au fermail d'antroverture.

1179—81. Car ele n'amast mie tant
De ses chevos le remenant
Con celui qu'Alixandres ot.

1766—67. Et li real lor leissent corre,
Tant con pueent esperoner.*)

2362—63. Ot Alixandres tant d'enor
Et tant de joie con lui plot.

Cfr. noch 2774.

---

*) Könnte auch als Temporalsatz aufgefasst werden.

Autant ist Correlat im Hauptsatze:

1138—40. Meis autant valut par igal
Li hernois au cors Alixandre,
Qui le vosist prisier ou vandre,
Con tuit li autre doze firent.

4. Das Adjectivum tel ist Correlat im Hauptsatze:

108—11. Je vuel avoir ..... conpaignons de vostre jant
Teus con je les voudrai eslire.

532—33. Amors igaumant lor depart
Tel liureison com il lor doit.

1094—95. Onques teus oz ne fu veüe
Con li rois Artus asanbla.

1473—76. Quant Alixandres voit ses janz,
Ses conpaignons et ses serjanz,
Teus con li rois li viaut doner,
Lors comande gresles soner.

Nach den vergleichenden Conjunctionen come und que haben die mit se beginnenden Nebensätze, als Nebensätze eines hypothetischen Satzgefüges, im Nfrz. dieselbe Construction wie die Conditionalsätze der Irrealität.*) Zu dieser Gruppe von Sätzen gehört im Cligés:

785—86. Li penon sont si coloré,
Con s'il ierent d'or ou doré.

Andere Beispiele mit dem Indicativ bei Chrestien vergleiche man Bischoff, l. c., pg. 118.

2. Comant.

Comant ist eigentlich Adverbium und zeigt die Art und Weise der Thätigkeit des Hauptsatzes an, gerade so wie come, mit dem es im Altfranzösischen verwechselt wurde. Einige Beispiele:

770—73. Or vos reparlerai del dart
Qui m'est comandez et bailliez,
Comant il est feiz et tailliez.

616—17. D'Alixandres vos dirai primes,
Comant il se plaint et demante.

572—73. Einçois m'orroiz dire, comant
Amors les deus amanz travaille.

2830—32. Bien vos savroie reison randre,
Comant dui cuer a un se tienent.
Sanz ce qu'ansanble ne parvienent.

---

*) Cfr. Lücking, Gram., § 297, a. 2.

3. Que.

Der mit que, das dem lat. quam entspricht, eingeleitete Comparativsatz dient zur Darstellung der qualitativen und quantitativen Ungleichheit. Der von einem Comparativsatze abhängige Nebensatz kann sein eigenes Verbum haben oder nicht. Hat er sein eigenes Verbum, so wird im Nebensatze ne beigegeben, wenn der Hauptsatz bejahend oder fragend-verneinend ist.

Fehlt dem Nebensatze das Prädicat, so tritt ne natürlich nicht ein.

Diese Regel wird im Cligés genau befolgt.

845. Plus blanc que n'est la nois negiee.
1151. Mout est plus granz qu'ele ne cuide.
1197—98. Alixandres plus ne demore,
Qu'il ne se veste an icele ore.
2766. Plus estoit biaus et avenanz
Que Narcisus qui desoz l'orme
Vit an la fontainne sa forme.
2405—6. Qui amait Alis le menor
Plusqu'Alixandre le greignor.
2442—43. Buen vant orent, la nes s'an cort
Assez plus tost que cers qui fuit.
2256. Au plus tost que il onques pot
Vint a la reïne a son tre.
2813. Meis n'an set plus que bel le voit.

III. Relativsätze.

Im Verhältnisse zu den übrigen Nebensatzarten kommen die Relativsätze in unserem Denkmale sehr häufig vor. Es sei gleich zu Anfang hervorgehoben, dass die meisten Relativsätze in reinem attributiven Verhältnisse zum Hauptsatze stehen; Vertretungen von sonstigen Nebensätzen durch Relativsätze kommen wohl vor, aber nur in sehr beschränkter Zahl. Oft ist es schwer zu unterscheiden, welche Gattung von Nebensatz durch den Relativsatz vertreten wird, da qui concessive, causale, finale und conditionale Relativsätze einleiten kann. — Die Natur des Relativpronomens ist eine zweifache. Es ist entweder reines Relativpronomen, dem deutschen der, die, das, welcher, was entsprechend, mit vollständiger Flexion, oder man muss es als erstarrtes unflectierbares, relatives Adverb que, dem deutschen wo, da, wie, wann etc. entsprechend, ansehen.*)

Wir unterscheiden bei den Relativsätzen folgende Arten:
1. **Rein explicative Relativsätze,** welche einem coordinierten Hauptsatze gleichkommen. Der Modus im rein explicativen Relativsatze ist stets der Indicativ, weil in solchen Sätzen ausgesagt wird, dass das Wesen, welches mit einem Merkmale versehen ist, schon wirklich vorhanden, also real ist.

Diese Sätze geben sonst zu keinen Bemerkungen Anlass. Es sei jedoch erwähnt, dass sie in unserem Denkmale sehr zahlreich vertreten sind. Folgende Beispiele mögen hier doch angeführt werden:

39. L'enors qui s'i est arestee.
48. Chrestiiens comance son conte...
Qui treite d'un anpereor
Poissant de richese et d'enor.

Ebenso in den Versen: 17, 25, 29, 35, 45, 49, 65, 69, 114, 194, 214, 239, 249, 276, 278, 340, 347, 359, 446, 471, 477, 487, 505, 552, 557, 718, 723, 748, 751, 759, 761, 771, 804, 812, 858, 880, 881, 1057, 1104, 1211, 1277, 1344, 1377, 1421, 1496, 1556, 1562, 1566, 1621, 1668, 1704, 1714, 1716, 1718, 1746, 1756, 1761, 1792, 1816, 1864, 1867, 1885, 1940, 1965, 1993, 2024, 2038, 2041, 2052, 2067, 2096, 2115, 2126, 2135, 2144, 2208, 2215, 2259, 2270, 2278, 2281, 2286, 2391, 2397, 2402, 2405, 2443, 2473, 2484, 2539, 2641, 2650, 2711, 2721, 2767—68, 2786, 2798, 2851, 2860, 2921, 2939, 2947, 2957, 2959, 1148.

18—19. Ceste estoire trovons escrite,
Que conter vos vuel a retreire.

27, 70, 105, 155—56, 175, 213, 257, 327, 459, 615, 791, 808, 852, 895, 1281, 1360, 1465, 1472, 1608, 1734, 1847, 2073, 2111, 2143, 2174, 2211, 2314, 2459, 2489, 2637, 2709, 2976—77, 2996, 585, 766, 822, 2365, 2538, 973, 152, 2690, 241, 574, 2202, 2719, 2923, 2383, 426.

In 488. Cui iauz ne voit, ne cuers ne diaut
ist cui mit „dessen" zu übersetzen.

Die Stelle ist, wie die Handschriften darthun, sehr verderbt. Das Beste ist cui = dessen anzusehen oder cui = qui zu fassen, wo qui substantivisch verwendet sein würde. Cfr. noch Vers 134.

2. **Determinierende Relativsätze** sind solche Sätze, welche ihr Beziehungswort näher bestimmen, determinieren.

---

*) Cfr. darüber noch A. Tobler, Zeitschrift f. Rom. Phil., II., 562.

Das Prädicat kann hier im Indicativ oder im Conjunctiv stehen. Der Conjunctiv steht, wenn die Verknüpfung des durch den Relativsatz ausgedrückten Merkmales mit einem Gegenstande nicht als wirklich aufgefasst wird. Es wird vielmehr ausgesagt, dass ein mit einem bestimmten Merkmale versehenes Wesen erst herbeigeschafft werden soll, also noch unbestimmt ist. Daraus folgert sich zugleich, dass in diesem Falle das durch den Relativsatz zu determinierende Wesen stets unbestimmt sein muss. Vor dem zu determinierenden Bezugsworte darf also nur ein indefinites Pronomen oder der unbestimmte Artikel stehen, nie aber der bestimmte Artikel.

α) Beispiele mit dem Indicativ:

1—3. Cil qui fist d'Erec et d'Enide,
Et les comandemanz Ovide
Et l'art d'amors an romanz mist
8. ....Un novel conte recomance.
164—65. Et cil est a son avoir sers,
Qui toz jorz le garde et acroist.
256—57. Cil de terre cui pas n'agree
Del vaslet que aler an voient.
414—15. Tote la corz s'an esmervoille,
Ou ce que il despant est pris.
1291—93. Que de l'escu et de la lance
Aille a çaus feire une acointance,
Qui devant nos behorder vienent.

Ebenso in den Versen: 599, 600, 576, 588, 512, 633, 641, 777, 663, 764, 792, 505, 812, 858, 875, 968, 1113, 1188, 1175, 1131, 1321, 1337, 1459, 1602, 1506, 1793, 1614, 1730, 1830, 1890, 990, 1181, 1951, 202, 1942, 1957, 2103, 2331, 2520, 2197, 2148, 2120, 2246, 2795, 2890, 2892, 2907, 2988, 619, 890, 1535, 1548, 1061, 2968.

β) Beispiele mit dem Conjunctiv:

Hier sind folgende Gruppen zu unterscheiden:

Der Hauptsatz enthält 1. eine Negation; 2. eine Hypothese; 3. einen Wunsch; 4. einen Superlativ.

1. Der Hauptsatz enthält eine Negation.

Da durch eine im Hauptsatze enthaltene, auf einen Relativsatz bezügliche Negation der Inhalt des Relativsatzes unsicher gemacht wird, muss im letzteren der Modus der Irrealität, der Conjunctiv, stehen. Nach Tobler, Beiträge, pg. 99, gilt dies von Relativsätzen nur dann, „wenn sie seiend Gedachtes determinieren, dessen Existenz ausdrücklich als hypothetisch hingestellt werden soll."

345—46. Ne nasqui de vostre poissance
Rois qui au deu eüst creance.
447—48. Onques n'avoit oï parler
D'ome qu'ele deignast amer.
782—84. Meis ele est si polie et droite,
Qu'an la coche sanz demander
N'a rien qui face a amander.
1090—91. Fait crier que nus ne remaingne,
Qui puisse armes porter an ost.
2055—56. Que s'au mur ne se retenist
N'eüst pié qui le sostenist.
2225—26. Meis tant crient qu'il ne depleüst
Celi qui grant joie an eüst.
2504. Rien que tu dies je ne croi.

Ebenso in den Versen: 76, 160, 508, 391, 670, 1843—44, 2534—35, 2550—51, 2596—97, 2635—36, 2722—23, 2814—15, 2825—26, 2885—87, 2965—66.

2. Relativsätze, deren Hauptsatz eine Hypothese enthält.

Der auf den Relativsatz Bezug habende, im Hauptsatze enthaltene hypothetische Ausdruck zieht den Inhalt des Nebensatzes in Zweifel. In solchen Sätzen steht stets der Conjunctiv als Modus der Irrealität.

742—44. Meis teus li mostre bele chiere
El mireor, quant il l'esgarde,
Qui le traïst, s'il ne s'i garde.
1002—4. Bien seroie fole provee,
Se je disoie de ma boche
Chose qui tornast a reproche.
480—81. Et se je voi rien qui me griet,
Don n'ai je mes iauz an baillie?
1164—66. Se ja porroit home trover,
Qui l'un de l'autre devisast,
Tant cleremant i avisast.

3. Relativsätze, deren Hauptsatz einen Wunsch enthält.

Wer etwas herbeiwünscht, ist immer in Ungewissheit, ob sein Wunsch auch in Erfüllung gehen wird; der Inhalt des Nebensatzes wird durch einen Ausdruck des Wunsches unsicher gemacht, was die Anwendung des Modus der Irrealität, des Conjunctivs, zur Folge hat.

266—69. Lor enui esgardent por voir,
Que del vaslet mout lor enuie,
Que damedeus a port conduie
Sanz anconbrier et sanz peril.

425—28. Por consoil querre et demander,
A cui il porra comander
Angleterre tant qu'il revaingne,
Qui la gart an peis et maintaingne.

654—57. Des que primes cest mal santi,
Se l'osasse mostrer ne dire,
Poïsse je parler an mire
Qui del tot me poïst aidier.

1508—9. Meis por esmai que il an aient
N'ont talant que il se randent.

4. Relativsätze, deren Hauptsatz einen Superlativ enthält.

Das Prädicat in Relativsätzen, deren Bezugswort von einem superlativischen Attribut begleitet ist, kann im Indicativ und im Conjunctiv stehen. Der Indicativ steht, wenn „der aus Beziehungswort nebst determinierendem Relativsatz bestehende Artbegriff nicht in verallgemeinerndem Sinne bloß gesetzt oder angenommen, sondern als etwas (nach der Meinung des Sprechenden) thatsächlich Existierendes hingestellt wird."*)

Im Cligés haben wir nur wenige Fälle mit dem Indicativ anzuführen:

400—1. Orent pris ostel li Grejois,
Le meillor qu'il porent avoir.

Hier ist der Conjunctiv mit dem Modalverbum pooir umschrieben.

2686—88. Et l'anperere a jant eslite,
Chevaliers d'armes esprovez,
Les meillors que il a trovez.

In den Beispielen, in welchen sich der Conjunctiv findet, ist derselbe stets als Conjunctiv der Einräumung anzusehen.

309—11. Et li vaslet montent a mont
Devant le meillor roi del mont,
Qui onques fust ne ja meis soit.

---

*) Cfr. Bischoff, l. c., pg. 96.

2984—6. Car le plus bel li feit amer,
Le plus cartois et le plus preu,
Que l'an poïst trover nul leu.

3. Relativadverbia.

Wir unterscheiden hier: α) Que, β) Dont und γ) Ou.

α) Que.

Dem relativen Adverbium que sind wir in den vorhergehenden Capiteln schon öfters begegnet, so zur Bildung gewisser Conjunctionen, wie de ce que, sans ce que, por ce que etc. Es wird im Afrz. besonders im relativen Sinne nach Abstracten und hier wieder vor allem nach den Begriffen der Zeit, des Ortes und des Grundes (cfr. Diez, Gram. III.³ 378) gebraucht.

In unserem Denkmale ist jedoch dieser Brauch von que als relatives Adverb nur vereinzelt zu belegen.

116—18. Ja n'avrai armee la face
Ne hiaume el chef, jel vos plevis,
A nul joe que je soie vis.

β) Dont.

Viel häufiger als que findet sich in unserem Denkmale das relative Adverbium dont. Zugleich mit dont soll auch de quoi behandelt werden, da beide im älteren Französisch im Sinne von Nfrz. de ce que stehen und in alter Sprache mit einander auch wechseln können.*) Über dont äußert sich Tobler (Beiträge pg. 136) folgendermaßen: „So glaube ich (Tobler) denn, es sei der mit dont eingeleitete Satz als ein indirecter Fragesatz anzusehen, der hier zwar nicht auf einen förmlichen Ausdruck der Frage, wohl aber auf das unausgesprochene Element der Frage sich bezieht, das in den jene Gemüthsbewegung aussagenden Worten liegt, dont also etwa mit ‚wie so' zu übersetzen." Das quoi in „de quoi" sieht Tobler ib. pg. 138 als die betonte Form der Conjunction que an.

Beispiele:

22—23. De la fu li contes estreiz,
Don cest romanz fist Chrestiiens.
50—51. Anpererriz i ot mout noble,
Don l'anperere ot deus anfanz.
715. Li feus don li cuers est espris.

*) Cfr. Tobler, Beiträge, pg. 135 oben.

747. Un rai don je sui anconbrez.
1881—82. Et chevaliers avuec le conte,
Don ne vos sai dire le conte.
2131—33. Car lor paranz et lor amis
Truevent afolez et maumis,
Don la riviere estoit coverte.

Die Handschrift B. hat hier de coi statt don.

2148—50. .... se painnent,
Comant il lor facent savoir
Ce don porront grant joie avoir.

Die Handschriften C. T. R. haben hier de coi statt dont.

1707—8. Ainz les haoit por lor pechié,
Don il estoient antechié.

Die Handschrift B. hat De q̄ il erent entoscie.

1973—4. N'avront garde que sor aus vaingne
Force, de quoi maus lor avaingne.

Hier bezieht sich de quoi auf den ganzen Satz.

2903—4. Si li tarde que ele an oie
Chose de quoi ses cuers s'esjoie.

Ebenso in den Versen: 857, 1383, 331, 582, 596, 634, 860, 1386, 1466, 1823, 2373, 2600, 2763, 2758.

Dont findet sich auch in der ursprünglichen Bedeutung = (de unde).

513—14. Volanté don me vaingne enuis,
Doi je bien oster, se je puis.

γ) Ou.

Wie das Relativadverbium dont für den Genitiv, so steht ou für den Dativ des Relativpronomens.

622—24. Tant li delite a remanbrer
La biauté et la contenance
Celi, ou n'a point d'esperance.
1779—81. Quant a celui a triue prise,
A un autre ofre son servise,
Ou pas ne la gaste ne pert.
2526—27. Et l'anperere d'autre part
Apele ces ou plus se fie.

Sonst findet sich ou meist auf Sachen bezogen:

223—24. Quant de la voie oï parler,
Ou ses fiz devoit aler.
441. An la nef ou li rois passa.

[illegible]. Car veez venir une jandre . . . .
. . . . Ou molt avoit arbalestiers.
2025—26. Par la fenestre esgarde lors
Les escuz ou reluisent l'ors.
2058—61. Et vint tot droit a une porte,
Qui vers mer estoit a l'essage,
Ou cele estoit qui le passage
A l'antrer de la porte gart.

Cfr. noch: 815. 1237. 1184. 323. 1007. 1129. 2263. 2292. [illegible] u. [illegible]

Manchmal findet sich vor dem auf ein Substantiv bezogenen ou ein demonstratives la vorausgestellt:

254—55. Quant de la mer eschapé sont
Et venu la ou il voloient.
1017—18. Que a grant painne se retarde
La ou il le cheval regarde.
1489—90. Si pooit an passer a gué
La ou l'aigue avoit plus de lé.
4471—72. La ou Cligés point sor le sauve,
Ni a ne chevelu ne chauve.

4. Substantivisches Relativum.

Das substantivisch verwendete qui hat zwei Bedeutungen: *a*) qui = einer, der, *b*) qui = derjenige, welcher.

In der ersten Bedeutung kommt qui in unserem Denkmale nur vereinzelt vor:

134. Qui ce refuse, n'est pas sages.

Nach der früher gegebenen Erklärung gehört hieher auch Vers:

488. Cui iauz ne voit, ne cuers ne diaut.
2032. Cui il consuit, par mi le fant.

Cfr. 1794—95, 2524.

Am häufigsten erscheint qui in der zweiten, bestimmten Bedeutung, besonders aber dann, wenn qui als Subject des Haupt- und Nebensatzes zugleich auftritt.

815—16. Et qui a langue si delivre,
Qui poïst la façon descrivre.
767—68. Qui mauveis serjant aconpaingne
Ne puet faillir qu'il ne s'an plaingne.
995—96. Qui de la chose a desirrier
Bien la doit requerre et proiier.
1238—40. A cel jor, comant qu'il soit ores,
Qui le chastel vosist desfandre,
Ne fust mie legiers a prandre.

1540—42. Et qui a voir dire n'açope,
Plus la devroit l'an tenir chiere
Por l'uevre que por la matiere.
Et qui la verité descuevre.
Miauz que l'uevre ne que li ors
Voloient les pierres defors.
975—78. Car qui par mon droit non m'apele,
Color d'amors me renovele.

Cfr. noch: 637, 672, 674, 685.

Qui in der Verwendung und im Sinne des lat. *si quis*, *wenn einer, wenn jemand* ist im Cligés auch zu belegen.

2285—87. A l'asseoir del fondemant
Qui ne comance hardemant,
A painne an puet venir au chief.
4783. Qui le conoist, si le nos die.
5784. Qui vive escorchier la deüst.
In 1572—74. Alixandres garde s'an prist
Et li prie, s'il feit a dire,
Que li die, qui la feit rire

= *was sie zum Lachen bewege*, sowie in 3039—40 in der Ausdrucksweise faire que + Adjectiv

Dameisele, vostre malage
Me dites, si feroiz que sage

sind Spuren eines *neutralen substantivischen* Relativs zu erblicken.

In folgenden Beispielen kann man entweder mit Diez (Gram. III. 368, 4 und III. 381, 5) *Ellipse des Relativadverbiums* oder mit Tobler *unabhängige Sätze im Conjunctiv der unsicheren Annahme* erblicken:

1156—57. Es costures m'avoit nul fil,
Ne fust d'or ou d'arjant au mains.
1324—25. Qu'il n'i a chevalier si buen,
N'estuisse vuidier les arçons.
6765—66. Qu'ainc puis n'i ot anpereor,
N'eüst de sa fame peor.

Wenn man hier überall coordinierte Hauptsätze annimmt, so kommt man der altfranzösischen Auffassung näher.

5. Verschränkte Relativsätze.

Diez, Gram. III.[3] 336 und Mätzner, Gram., § 246, nennen die Construction in Sätzen wie:

88—89. Un don, feit il, querre vos os,
Que je vuel que vos me doigniez,

Verschmelzung des Relativsatzes mit einem Objectsatze.

Vgl. noch:

99—101. Biaus fiz, feit il, je vos otroi
Vostre pleisir et dites moi
Que vos volez que je vos doingne.

IV. Indirecte Fragesätze.

Während die lateinische Grammatik für die indirecten Fragesätze stets den Conjunctiv, die neufranzösische stets den Indicativ vorschreibt, nimmt die altfranzösische Sprache eine Mittelstellung ein, indem sie theils den Indicativ, theils den Conjunctiv als Modus vorschreibt. Der Conjunctiv wird gebraucht, „wenn die indirecte Frage in die directe verwandelt, denselben Modus oder doch ein ihm angemessenes modales Hilfsverbum verlangen würde."*)

Die indirecten Fragesätze werden eingeleitet: durch die *Relativpronomina que, qui, quel, lequel,* durch die *Adverbia comme* und *comment* und durch die *Conjunction se.*

In unserem Denkmale sind für den Conjunctiv nur wenige Beispiele beizubringen.

680—81. Je cuit que je feroie san,
Meis ne sai, comant je le face.

2147—50. Li Greu defors grant duel demainnent,
Et cil qui sont dedanz se painnent,
Comant il lor facent savoir
Ce don porront grant joie avoir.

2320—21. Quant vos ma volante savez,
Ne sai que plus le vos celasse.

Im letzten Beispiele ist que = comment anzusehen.

Mit Ausnahme der angeführten Stellen steht im Cligés der Indicativ bei weitem häufiger als der Conjunctiv.

Der Hauptsatz ist *negativ.*

673—74. Nel set qui ne l'a esprové,
De queus jeus Amors s'antremet.

---

*) Diez, Gram. III.[4], pg. 390.

*) Bischoff, l. c., pg. 7.

848—49. Mout volantiers, se je seüsse,
Deïsse, queus an est la fleche.

663—64. Car mout ai mal et si ne sai,
Queus maus ce est, qui me justise.

1119—20. Seignor, feit-il, ne me celez,
Queus besoinz vos amena ça.

Ebenso in den Versen: 540, 545, 2900—901, 1401.

Der Hauptsatz ist positiv: Hier kommt besonders die Conjunction se in Betracht. Sie wurde schon im Lateinischen als disjunctive Partikel in der indirecten Frage gebraucht. In derselben Bedeutung steht se im Afrz. in solchen indirecten Fragesätzen, in welchen der Satz überhaupt oder die Richtigkeit der Verknüpfung des Subjectes mit seinem Prädicate in Frage gestellt wird. Die Conjunction se entspricht in solchen Fällen genau dem deutschen „ob".

289—90. Et font demander et anquerre,
Se li rois est an Angleterre.

965—66. Si le vuel par mon non prover,
Se la reison i puis trover.

1038—41. Si n'i a plus que de l'atandre
Et del sofrir tant que je voie,
Se jel porrai metre an la voie
Par sanblant ou par moz coverz.

1163—64. Por savoir et por esprover,
Se ja porroit home trover.

2452—56. Alixandres un suen privé
Anvoie an la cité savoir,
S'il i porrait recet avoir
Ou s'il li voudront contredire
Qu'il ne soit lor droituriers sire.

2529—30. Lor quiert consoil et viaut savoir,
S'il puet an aus fiance avoir.